Cida Simka   Sérgio Simka

CB136815

Exercícios de Bondade

Cópia não autorizada é crime
Lei 9.610 de 19/02/1998
Respeite o direito autoral

EDITORA CIÊNCIA MODERNA

Exercícios de Bondade
Copyright© Editora Ciência Moderna Ltda., 2023

Todos os direitos para a língua portuguesa reservados pela EDITORA CIÊNCIA MODERNA LTDA.
De acordo com a Lei 9.610, de 19/2/1998, nenhuma parte deste livro poderá ser reproduzida, transmitida e gravada, por qualquer meio eletrônico, mecânico, por fotocópia e outros, sem a prévia autorização, por escrito, da Editora.

Editor: Paulo André P. Marques
Produção Editorial: Dilene Sandes Pessanha
Capa: Daniel Jara
Diagramação: Daniel Jara
Copidesque: Equipe Ciência Moderna

Várias **Marcas Registradas** aparecem no decorrer deste livro. Mais do que simplesmente listar esses nomes e informar quem possui seus direitos de exploração, ou ainda imprimir os logotipos das mesmas, o editor declara estar utilizando tais nomes apenas para fins editoriais, em benefício exclusivo do dono da Marca Registrada, sem intenção de infringir as regras de sua utilização. Qualquer semelhança em nomes próprios e acontecimentos será mera coincidência.

FICHA CATALOGRÁFICA

SIMKA, Maria Aparecida Silva; SIMKA, Sérgio.

Exercícios de Bondade

Rio de Janeiro: Editora Ciência Moderna Ltda., 2023.

1 Valores éticos 2 relações humanas 3 autoajuda
4 aperfeiçoamento pessoal
I — Título

ISBN: 978-65-5842-258-7 CDD 158.1
158.2

Editora Ciência Moderna Ltda.
R. Alice Figueiredo, 46 – Riachuelo
Rio de Janeiro, RJ – Brasil CEP: 20.950-150
Tel: (21) 2201-6662/ Fax: (21) 2201-6896
E-MAIL: LCM@LCM.COM.BR
WWW.LCM.COM.BR **03/23**

As palavras do ser humano bom pintam o mundo com cores que habitam o seu interior.

Os autores

Promover atos de bondade se origina de pessoas bondosas, que se preocupam consigo mesmas e, principalmente, com as outras pessoas.

Assim, este livro traz 50 perguntas que farão você refletir sobre as circunstâncias de ser bom, ao mesmo tempo que possibilita exercitar a bondade em seu dia a dia, de forma simples e gostosa, ajudando o mundo a se tornar, apesar de tudo, um lugar bom e um pouco mais feliz de viver.

Mas, antes, convidamos você a ler o artigo que segue. Intitula-se "Projeto de futuro: Exercícios de bondade".[1]

Boa leitura!

1 Publicado na revista *Humanitas*, São Paulo: Escala, n. 158, dez. 2022, p. 72-74.

Exposto a uma "Amazônia" de desgraças, o ser humano vai perdendo contato com o bem essencial preconizado por Rousseau. Dedicar tempo à busca de sentido para essa virtude pode ser a chave para um futuro menos opressor.

Nosso tempo se caracteriza por uma realidade imagética, e as pessoas têm estado frequentemente submetidas a diferentes imagens, sem que haja o necessário posicionamento crítico diante dessas exposições. O fato é que tais ilustrações, muitas vezes, acabam por veicular as desgraças de um mundo que, numa análise superficial, poderá se dizer enfermiço, cujos habitantes perderam as estribeiras, moralmente falando. Assim, é premente chamar a atenção para algo que tem passado total e — ousamos dizer — propositadamente despercebido: a bondade do ser humano.

Muitos poderão rir dessa assertiva, já que se nos apresenta um quadro permanente de guerra, morte, desespero, corrupção. A vida parece não valer sequer um centavo, o mundo se revela apocalíptico, de desesperança, um beco sem saída, o final de um túnel sem luz. Falar em bondade é, no mínimo, achincalhar a condição humana.

É aí que reside o ponto-chave. Apesar de tudo o que nos rodeia e cegados por imagens que restringem de maneira eficaz o nosso senso crítico, nossos sentidos são amordaçados. Submetidos à torpeza de uma realidade que a todo custo quer nos impingir, a beleza da existência passa a constituir um paraíso perdido, um lugar em relação ao qual as mais fantasiosas utopias jamais conseguiram descrever, mas que precisamos nos permitir entrever se quisermos fugir a toda essa "Amazônia" de desgraças.

Muros de resistência

E é exatamente na lindeza do existir que a bondade predomina no coração e nos olhos de quem é capaz de enxergá-la. E é por meio de atitudes de um coração bondoso que o bem pode prosperar em uma terra em que o mal parece levar vantagem. Assim, é necessário construir um muro de resistência depurador, a começar pelo que a nossa mente e os nossos sentidos captam do mundo externo, deixando para trás tudo o que nada acrescenta à construção de uma nova maneira de interpretar a contemporaneidade sob o ponto de vista da bondade. Sim, urge começarmos a vislumbrar o mundo pelo viés dessa virtude, sob pena de a humanidade destruir-se moralmente.

Essa construção começa pela lembrança de que o ser humano possui a bondade como uma qualidade interior inata e irrevogável e, dessa maneira prosaica, é possível constituir-se como sujeito benevolente. Ao arquitetar-se como tal, é imprescindível que ele coloque em prática essa benevolência por meio de instrumentos linguístico-discursivos que resguardem a equivalência com o seu conteúdo interno. Em outras palavras, forçoso se faz que a sua boca fale do que está cheio o coração.

Para que os homens possam conquistar esse *status* de sublimidade, faz-se necessário percorrer, antes, alguns caminhos que o levem a erigir dentro de si os alicerces de uma transformação consciente. Esses percursos podem constituir o que denominamos *Programa de conscientização de si mesmo*, *Programa de reavaliação da existência* e *Programa de reeducação linguístico-discursiva*.

Conscientização de si mesmo

E o que seria essa prática? Esse *Programa* direciona a existência do ser humano ao aprimoramento ético, moral, emocional, mental, verbal, integrando no seu agir o bem como princípio de comportamento, distanciando-se de situações e ambientes danosos à sua saúde física e moral.

Justamente por conduzi-lo a um estado de consciência permanente e particular, esse *Programa* lhe possibilita, de um lado, promover intimamente o exame de sua história de vida e, de outro, proceder à reavaliação de posturas, comportamentos, atitudes, ações e hábitos, que têm contribuído para que a criatura se apresente tal como é, tanto interna quanto externamente.

Nesse processo de conscientização, encontram-se discriminadas posturas que concorrem para um procedimento de natureza avaliadora, de modo que o *Programa* obtenha a proficuidade necessária para se empreender algo tão significativo e ao mesmo tempo tão primordial quando se desfruta a oportunidade de melhor conhecer a si mesmo. Citaremos tão somente os comportamentos, sem entrarmos em suas especificidades conceituais.

Tais atitudes, que não obedecem a uma ordem hierárquica, apresentam-se como: autogestão existencial; renovação interior; aperfeiçoamento ético-moral; novo direcionamento à conduta mental, verbal e existencial; equilíbrio do sistema emocional; incorporação do bem como regra de conduta; desvio de ambiências e situações deletérias; fundamentos para a construção do ser humano benevolente.

Reavaliação da existência

A outra etapa do processo demandará, ao mesmp tempo, compreender a vida sob outro cenário, daí a inevitabilidade de ela seguir pelo *Programa de reavaliação da existência*, que proporcionará subsídios para admirá-la de maneira mais consciente, mais responsável, mais insatisfeita — sim, porque estar satisfeito implica o conformismo, a acomodação, a indiferença, a não mudança —, mais caridosa, mais elevada e mais bondosa.

Ou seja, impulsionar a reflexão quanto ao fato de considerar a existência de uma perspectiva menos centrada na materialidade e mais relacionada com a imperiosa necessidade de considerá-la de um ponto de vista mais virtuoso, promovendo uma nova percepção quanto à conveniência de enxergá-la com mais consciência, mais responsabilidade, mais alegria, mais insatisfação, mais caridade, mais elevação, mais bondade.

Reeducação linguístico-discursiva

Munido das competências acima descritas, o ser humano considerar-se-á capacitado a transitar pelo *Programa de reeducação linguístico-discursiva*, o qual se expressará por meio de suas interações sociais, ou seja, em suas diversas circunstâncias da existência, notadamente em suas relações interpessoais, utilizando-se de uma comunicação firmada na virtude da benevolência: manifestar-se por meio de construções linguísticas bem-intencionadas cujo horizonte último é a consideração do outro, em sua grandeza e em sua boniteza, sem menosprezá-lo, julgá-lo, diminuí-lo, empregando linguística e discursivamente enunciados que gostaria que os outros com ele assim usassem.

“O inferno são os outros”

Importar-se com o outro é, em suma, o apanágio primordial para que o egoísmo, a mácula que subjaz aos atos torpes de uma multidão sem princípios morais ou com convicções alicerçadas no próprio umbigo, possa paulatinamente tornar-se uma palavra em extinção. Nessa perspectiva, o que se expôs brevemente tem como escopo mover nosso olhar para a transformação existencial, com proveito imcomparável para a sociedade.

Trata-se de um esboço de uma proposta de um mundo melhor, a ser sustentada por condutas propiciadoras do aperfeiçoamento ético-moral do ser humano, cuja premissa basilar se apoia na bondade como qualidade que precisa ser lembrada e colocada em prática, sobretudo em situações que envolvam pessoas que exigem de nós — para não dizer, pessoas difíceis, desagradáveis, arrogantes, invejosas — em nosso dia a dia, pois é fácil ser bom com quem é bom com a gente. A enorme lição que se nos apresenta, sem dúvida alguma, se concentra na relação com o outro — eis o desafio. E o maior obstáculo é praticar o bem a todos, indistintamente.

1.

"O que é preciso para tornar-se bom?
Apenas querer."

(Sêneca, filósofo e escritor romano)

Portanto, qual vai ser a sua primeira atitude de bondade, a ser praticada no dia de hoje?

2.

O ser humano deveria, primeiramente, preocupar-se com o seu aprimoramento pessoal, que o conduzisse a tornar-se um ser melhor.

Você tem se preocupado mais com os bens materiais, que ficarão aqui depois que partir, ou em se aprimorar praticando o bem?

3.

Para praticar atos de bondade, não é necessário que você e a outra pessoa tenham religião alguma.

Por isso, qual o seu primeiro gesto bondoso para com o seu semelhante nos próximos dias?

4.

Ser bom significa, antes de tudo, aceitar-se como é, ou seja, reconhecer-se como uma pessoa maravilhosa.

Quem você identifica que é uma pessoa maravilhosa? Já falou isso para ele/ela?

5.

O ser humano bom jamais se esquece
de como é incrível estar vivo.

Você já agradeceu (a Deus, ao Universo etc.) a dádiva de estar respirando?

6. Ser uma pessoa boa é ajudar a construir um mundo melhor, a começar pelo seu universo particular.

Você tem ajudado o seu cônjuge e seus filhos nas tarefas domésticas/escolares/etc.?

7.

Ser uma pessoa boa é ser boa com aqueles de quem não gosta e com aqueles que a tratam mal.

Tarefa difícil, mas daquelas pessoas de quem você sente antipatia, a sua tarefa hoje será dizer-lhes um simples bom-dia, tratando-as com cordialidade.

8. Ser bom é tentar ser útil em todo e qualquer momento.

Liste cinco atividades que você poderá executar para beneficiar alguém.

9.

A bondade começa na renovação dos pensamentos, das ações e do comportamento da pessoa.

Em vez dos costumeiros pensamentos negativos e pavorosos, substitua-os por pensamentos bem-intencionados e generosos. Quais são eles?

10. Ser uma pessoa boa significa ter responsabilidade por suas atitudes.

Você assume a responsabilidade pelo seu comportamento ou fica atribuindo a culpa a circunstâncias e pessoas?

11.

Ser bom é controlar o impulso de reclamar de tudo.

Você tem o costume de reclamar de tudo e de todos? Com que frequência tal fato ocorre? Por que "tudo e todos" incomodam tanto?

12.

Ser bom é parar de viver
criticando todo mundo.

Em vez de criticar, por que não ver o lado bom das pessoas? Liste cinco qualidades de seu cônjuge/filhos/chefe/aquela pessoa que você não tolera.

13. Ser uma pessoa boa é ser gentil com as outras pessoas.

Você elogia as pessoas com quem convive? Cumprimenta-as? Costuma agradecer a quem lhe faz algum favor? Cede o assento a pessoas idosas? Jogo lixo no cesto? Etc.?

14. Ser uma pessoa boa é ser atenciosa para com todos.

Ser atencioso é também saber escutar a outra pessoa. Com que frequência você a escuta em sua totalidade, ou seja, sem mexer no celular, no computador etc., dando-lhe toda a atenção que ela merece?

15. Ser bondoso é ter atitudes espontâneas de alegria e afeto.

Você já sorriu hoje? Não? Por quê? Quem você abraçou hoje quando acordou? Ou quando encontrou algum conhecido(a)?

16.

Ser uma pessoa boa é não falar mal dos outros.

Escolha uma pessoa de quem você não gosta e levante cinco pontos positivos dela.

17. Ser bom é aceitar as outras pessoas.

Aceitar os outros significa admitir que eles sejam o que são, e não como você gostaria que eles fossem. Liste três pessoas que você tenta "moldar" à sua maneira (dica: ninguém muda ninguém).

18.

Ser bom é saber tolerar os
erros do próximo.

Quando algum familiar ou subordinado comete algum erro/deslize, como tem sido sua atitude? Você critica o erro cometido ou se concentra na pessoa, criticando-a?

19.

Ser uma pessoa bondosa é acreditar
que a sua felicidade depende
unicamente dela.

Até que ponto você tem buscado a felicidade em coisas materiais, passageiras? Para você, o que é ser feliz?

20. Ser uma pessoa bondosa é trilhar o próprio caminho de seu progresso.

Você "puxaria o tapete" de algum funcionário a fim de subir na carreira profissional/acadêmica?

21.

A pessoa bondosa se preocupa em adquirir cultura, sabedoria.

Você tem se preocupado em se enriquecer culturalmente/ espiritualmente ou os seus fins de semana são dedicados ao BBB (botecos, baladas e bebidas)?

22.

Ser uma pessoa boa é possuir um coração que irradia alegria a todos ao seu redor.

Todos se sentem bem na sua presença ou evitam a sua companhia? Como tem sido seu comportamento com as outras pessoas? Já parou para pensar nisso?

23.

Ser uma pessoa boa é ser mais paciente.

Você tem agido com paciência ou a "perde" constantemente? Liste cinco circunstâncias em relação às quais perdeu a paciência. Depois, reflita sobre elas.

24.

Ser uma pessoa boa é ser menos egoísta e pensar mais nas outras pessoas.

Você tem repartido, dentro das possibilidades, a sua comida, os seus agasalhos a quem nada tem? Você costuma pensar nas outras pessoas ou só em si mesmo? O que o leva a agir dessa maneira?

25.

Ser uma pessoa boa é agir com os outros como gostaria que eles agissem com ela.

Você tem praticado essa máxima em todos os setores de sua vida (pessoal, familiar, profissional e social)? Por que não?

26.

A pessoa boa não é mal-humorada, apresenta sempre uma fisionomia alegre.

Você vive "de cara amarrada", com ódio do mundo, ou é uma pessoa expansiva, risonha, que está "de bem" com a vida? Por que razão você tem cultivado o mau humor?

27. Ser bom é saber pensar antes de falar.

Trata-se de um hábito que deveria ser adquirido o quanto antes, o que evitaria inúmeros problemas de convivência. Você tem conquistado esse hábito?

28. A pessoa boa vê bondade por toda parte.

Os olhos do ser bondoso só enxergam bondade e beleza, mesmo em lugares que aparentemente apresentam maldade e feiura. Liste cinco espaços/localidades que você passará a enxergar agora com os olhos da bondade.

29. O ser humano bom frequenta ambientes que contribuem para o seu bem-estar físico e emocional.

Tem o costume de ir a livrarias/sebos/museus/teatros? Frequenta academia? Por que não?

30.

O ser humano bom não tem vergonha de se mostrar bom.

Por acaso, você tem vergonha de ser bom? De praticar atos de bondade? Preocupa-se com que os "outros" vão dizer? Aliás, com que frequência você se importa com as opiniões de outras pessoas?

31.

Ser bom é sentir prazer/paz em praticar boas ações.

A sensação de bem-estar e tranquilidade ao praticar uma boa ação é indescritível. Já teve essa sensação? Qual foi a boa ação que levou você a sentir-se "nas nuvens"?

32.

Ser uma pessoa bondosa é saber encontrar felicidade nas coisas do cotidiano.

A felicidade é encontrada à medida que o caminho é percorrido, desde que haja olhos para saber enxergar o que não se vê. Execute, em um fim de semana, o mesmo percurso que costuma fazer para o trabalho e observe o que não costuma vislumbrar.

33. Ser bom é saber tratar a todos com respeito, independentemente de quem quer que seja.

Você considera todos "iguais" ou costuma "separar" as pessoas por segmentos socioeconômicos e culturais? Por exemplo, você trata da mesma maneira o zelador e o advogado do seu prédio/instituição? Por que essa distinção?

34.

Ser bom é procurar olhar o outro
com os olhos da confiança,
acreditando no bem que está nele.

Você age dessa maneira ou desconfia de todos? Concorda com o provérbio "as aparências enganam"? Já aconteceu uma situação de você se equivocar exatamente por não ter acreditado no outro?

35. Ser bom é saber que não basta estar bem, é necessário que as outras pessoas também estejam bem.

Concorda com a frase acima? O que você tem feito para abrandar a miséria dos outros?

36. Ser bom é promover o bem em toda e qualquer situação.

Você espera ganhar "na loteria" para poder fazer algum bem? Então, pense em cinco atitudes que você poderá tomar a fim de fazer o bem nas próximas 24 horas.

37. Ser bom é ser voluntário em alguma instituição ou na comunidade em que vive.

Que tal fazer um trabalho voluntário em alguma instituição de caridade e poder assim dedicar algumas horas durante a semana para atender os mais necessitados?

38. Ser uma pessoa boa é desejar a felicidade e o bem-estar do próximo.

Você sente inveja quando o seu vizinho aparece com um carro zero-quilômetro? Ou quando um colega seu é promovido a gerente do departamento? Por que você tem essa reação? Já parou para pensar nisso? Este é o momento.

39. Ser bom é colocar-se no lugar do outro.

Ou seja, é compreender a outra pessoa, por exemplo, por meio de seus gestos, crenças e emoções, reconhecendo que ela é diferente de você. Pense em alguém (de sua família, de seu trabalho) e ponha-se por um momento no lugar dela, avaliando essa experiência.

40.

Ser bom é fazer tudo com alegria, dedicando amor a tudo que faz ou diz.

Muitas vezes executamos tarefas mecanicamente, como se constituíssem em um pesado fardo. Enumere cinco tarefas de que não gosta ou tem adiado e comece a fazê-las com dedicação.

41.

Ser uma pessoa boa é saber
respeitar/apreciar a natureza.

A natureza envolve tudo à sua volta: as plantas, os animais, as pedras no caminho, o clima. Pare por um momento o que esteja fazendo, vá até a janela e contemple por alguns segundos o céu, o horizonte, as nuvens, as árvores, as montanhas... Qual a sensação de bem-estar que isso lhe trouxe?

42.

Ser bom é ajudar a resgatar os sonhos dos outros.

Claro que você tem sonhos. E as outras pessoas provavelmente devam ter sonhos também. Já conversou com alguém sobre os sonhos dele/dela? Como você poderá ajudar a realizar os sonhos dessa pessoa?

43. Ser bom é ter o hábito de ver as qualidades do próximo, ao invés de ver os defeitos.

Relacione cinco qualidades de seu melhor amigo e cinco qualidades de seu "pior" inimigo. Se não tiver inimigo, pode trocar pela sogra.

44.

Ser bom é usar uma linguagem amorosa.

Pelo fato de não impor o seu ponto de vista sobre as pessoas, pois o seu objetivo não é vencer o outro, que não é visto como um adversário, a pessoa bondosa não usa uma linguagem agressiva, que agride e fere. Como você tem se expressado com aqueles de quem você gosta e principalmente por quem nutre antipatia?

45. A pessoa boa usa uma linguagem incondicionalmente construtiva.

Ser bom é ser caridoso nas palavras, isto é, não diz nada que possa prejudicar os seus semelhantes. Você tem se portado dessa maneira, ou é o primeiro a "destilar veneno"? Como tem sido seu comportamento verbal, principalmente com quem você alimenta desavenças?

46.

A conversa do ser humano
bondoso é útil.

As conversas que costuma manter com as outras pessoas são proveitosas, produtivas, acrescentam conteúdos bons a ambos? Ou o papo envereda pela futilidade, vida alheia e outros imbróglios que em nada engrandece o conhecimento?

47. Ser bom é saber tratar a todos com educação e delicadeza.

Conhece alguma pessoa mal-educada e rude? Não é desagradável? Então, seja o oposto, agindo de maneira que gostaria que o outro tratasse você. Pense em cinco situações nas quais você poderia ter agido com educação e delicadeza.

48. Um ato/palavra de bondade pode mudar a perspectiva de vida de uma pessoa.

Já pensou nessa possibilidade? Uma palavra de bondade pode ser, para alguém, uma chama de vida, um recomeçar mais firme, pois houve alguém que acreditou no outro ser humano. Qual foi a situação/circunstância em que, pela palavra não dita, poderia ter mudado a vida/história de alguém?

49.

As palavras do ser humano bom
pintam o mundo com cores que
habitam o seu interior.

Há uma máxima que diz que a boca fala do que está cheio o coração. Logo, se o seu coração está cheio de ódio e de mágoa, suas palavras expressarão rancor e hostilidade. Comece cultivando palavras coloridas, que manifestam contentamento, entusiasmo, paixão, encantamento. Quais seriam essas palavras coloridas (além das mencionadas)?

50.

Quem passa pelo ser humano bom
não vai embora sem ouvir uma
palavra de amor e de carinho, como
a dizer: “Eu estou aqui”.

O ser humano bom tenta empregar o amar ao próximo como a si mesmo, mesmo que encontre dificuldades. Mas ele não pretende virar santo de uma hora para a outra, apenas alguém um pouquinho melhor. Quais as duas situações em que você poderá pôr em prática tal máxima?

Impressão e acabamento
Gráfica da Editora Ciência Moderna Ltda.
Tel: (21) 2201-6662